3-4 ans
PS
vers la MS

Jouer pour réviser

Michèle LECREUX

avec

Loïc AUDRAIN
Pascal GUICHARD
Sandra LEBRUN

W0280158

hachette
ÉDUCATION

Jouer pour réviser

C'est le programme que nous vous proposons.

Cet ouvrage est conçu pour les enfants qui vont entrer en moyenne section. Il présente, sous forme de jeux, un programme de révision des notions acquises en petite section.

Les mécanismes des jeux, les illustrations… tout est fait pour que votre enfant se trouve dans un univers rassurant et ludique mais le contenu, le niveau de difficulté des exercices, la part prépondérante donnée au dessin lui assurent un véritable entraînement aux exercices de graphisme qu'il découvrira en moyenne section.

En haut de chaque page, le titre de rubrique vous signale quel type de compétence l'exercice mobilise.

Sur les pages d'exercices, vous trouverez trois sortes de textes :

- des textes imprimés en couleur qui sont une petite histoire à lire à votre enfant pour créer l'univers dans lequel le jeu se déroule ;
- des textes imprimés en noir imitant l'écriture manuscrite qui donnent la consigne à respecter ;

une petite note de bas de page qui, sur certains jeux, vous propose un conseil pédagogique qui peut vous aider à mieux présenter l'activité à votre enfant.

En fin d'ouvrage, vous trouverez les solutions des quelques jeux qui le nécessitent.

Maquette de couverture : Stéphanie Benoit
Maquette intérieure : Pascal Guichard et Jean-Marc Richard
Composition : Médiamax
Illustration de couverture : Patrick Morize
Illustrations de l'intérieur : Élise Garcette
Édition : Adeline Pécout

I.S.B.N. : 978-2-01-722625-3

www.parascolaire.hachette-education.com

Achevé d'imprimer en mars 2024 en Roumanie par Rotolito Romania
Dépôt légal : mai 2024 - Édition 01

EN PISTE !

**Sur la piste, Paco le clown essaye de jongler, mais... Pim ! pam ! poum !
Les balles multicolores tombent par terre et rebondissent.
Accrochée à son trapèze, Fifi se balance et les rattrape au vol. Bravo !
Le public applaudit, le spectacle est réussi.**

Colorie les balles de toutes les couleurs.

Votre enfant est encore malhabile avec un crayon. Conseillez-lui de colorier doucement pour essayer de dépasser le moins possible des contours.

LES TRACES

Les traces de pas de l'éléphant font des ronds.
Reconnais-les et colorie-les en rouge.

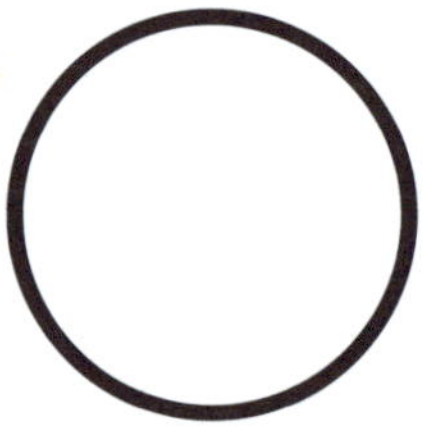

Ronds, carrés, rectangles... votre enfant va apprendre cette année à reconnaître les formes simples.

LES TAILLES

Colorie la queue la plus longue en rouge, la queue de taille moyenne en jaune et la queue la plus courte en bleu.

LES SENTIMENTS

Entoure en rouge les clowns joyeux et en vert les clowns tristes.

Faites remarquer à votre enfant le dessin des bouches des clowns et les mouvements de leurs bras, vous pouvez même lui demander de mimer les sentiments de joie et de tristesse.

LE MAGICIEN

Écoute bien l'aventure du Grand Magicien et complète-la en collant, sur les images, les dessins qui manquent.

Le Grand Magicien prononce une formule magique et hop ! un bouquet sort de sa manche !

Il dit « abracadabra » et hop ! une nouvelle colombe apparaît et s'envole au-dessus des têtes des enfants !

Découpe ces petites images puis colle-les au bon endroit.

LE MAGICIEN

Découpe ces petites images puis colle-les au bon endroit.

Le Magicien tapote alors son chapeau avec sa baguette magique et trois mignons petits lapins apparaissent.

Pour les remercier, le Grand Magicien leur offre aussitôt trois délicieuses carottes.
Et tous les enfants applaudissent.

AU CIRQUE

Colorie avec la couleur de ton choix un lapin, une fleur, un enfant et aussi le grand manteau du magicien.

Ces jeux ont pour but de faire découvrir progressivement à vos enfants les petits nombres en commençant par le premier : le 1.

MOINS ET PLUS

Barre la pile d'assiettes où il y a le moins d'assiettes.

Comparer des quantités,
c'est déjà apprendre à compter.

DEVINETTE

Montre le personnage qui est décrit par chaque phrase.

J'ai un nez rouge et je fais des grimaces.
J'ai un chapeau vert et un grand fouet.
J'ai un tutu bleu et une couronne.

Lisez d'abord les trois phrases puis relisez-les une par une en laissant le temps à votre enfant de trouver à qui elle correspond.

LES RAYURES

Complète le dessin en repassant sur les pointillés.

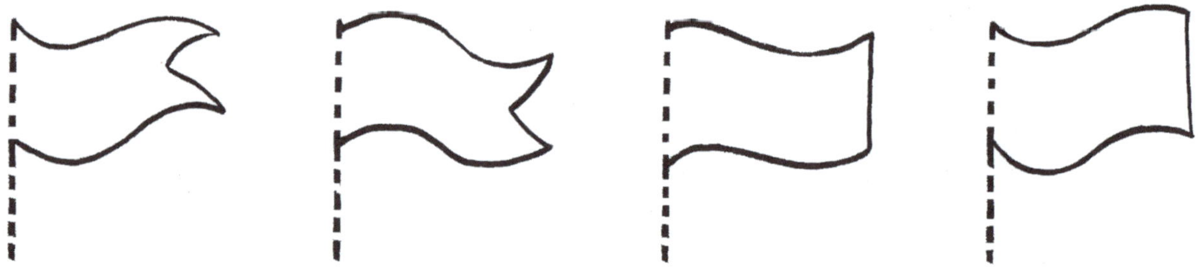

Colorie tous les drapeaux.

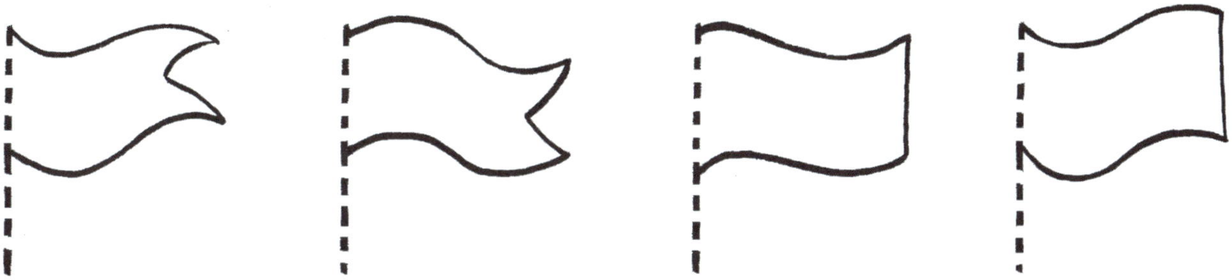

COLORIAGE

Colorie cette otarie avec tes crayons de couleur.

Laissez votre enfant choisir les couleurs qu'il préfère pour ce dessin.

MES JOUETS

Avec sa télécommande, Théo dirige son petit robot. Bi-bip ! il tourne à droite, bi-bip ! il tourne à gauche... Attention ! La corde à sauter s'emmêle autour des roues. Le robot bascule en avant et pouf ! atterrit délicatement dans les bras d'une poupée.

Colorie le robot et sa télécommande avec tes crayons de couleur.

COLLAGE

Dans un catalogue, découpe les photos de tes jouets préférés et colle-les dans la salle de jeux.

HAUT ET BAS

Colorie le jouet qui est tout en haut de l'étagère en rouge,
celui qui est au milieu en jaune
et celui qui est tout en bas en bleu.

DEVANT – DERRIÈRE

Colorie en vert les cheveux de la poupée et le toit du camion qui sont devant le coffre et en rouge les cheveux de la poupée et le toit du camion qui sont derrière le coffre.

À LA PLAGE

Écoute bien l'histoire de Lucas et complète-la en collant, sur les images, les dessins qui manquent.

Lucas est en maillot de bain pour aller se baigner.
Papa cherche sa casquette pour se protéger du soleil.

Équipé de sa bouée, Lucas peut aller au bord de l'eau.
Il prend son seau, sa pelle et fait rouler son ballon jusqu'aux rochers.

Découpe ces petites images puis colle-les au bon endroit.

À LA PLAGE

Découpe ces petites images puis colle-les au bon endroit.

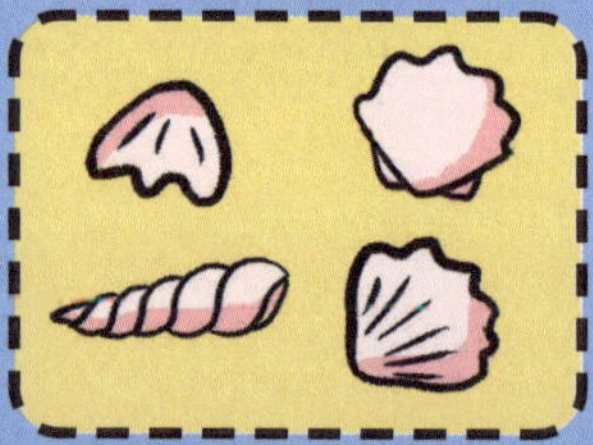

Lucas construit un château de sable et ramasse quelques coquillages pour finir de le décorer.

Et quand il veut ramasser son ballon pour jouer avec son papa, le ballon se met à rouler !
Un petit crabe était caché dessous !

LE CHÂTEAU

Colorie en bleu un nuage et un oiseau
et colorie en rouge deux seaux et deux crabes.

Lisez plusieurs fois la consigne à votre enfant. Il doit comprendre qu'il ne doit pas colorier tous les éléments signalés mais seulement un ou deux d'entre eux.

MOINS ET PLUS

Colorie le pot qui contient
le plus de crayons et
entoure celui qui en contient
le moins.

Ce genre d'exercice permet de familiariser votre enfant avec les notions de quantité.

LES DRAGONS

Colorie en vert le dragon qui a des taches rondes et colorie en rouge le dragon qui a des taches en forme de triangle.

Profitez de ce jeu pour demander à votre enfant de décrire précisément le dessin. Ce sera un exercice utile pour développer son vocabulaire.

LE JARDIN

Complète le dessin en repassant sur les pointillés.

Finis de colorier les oiseaux.

LES CARRÉS

Repasse sur les pointillés.

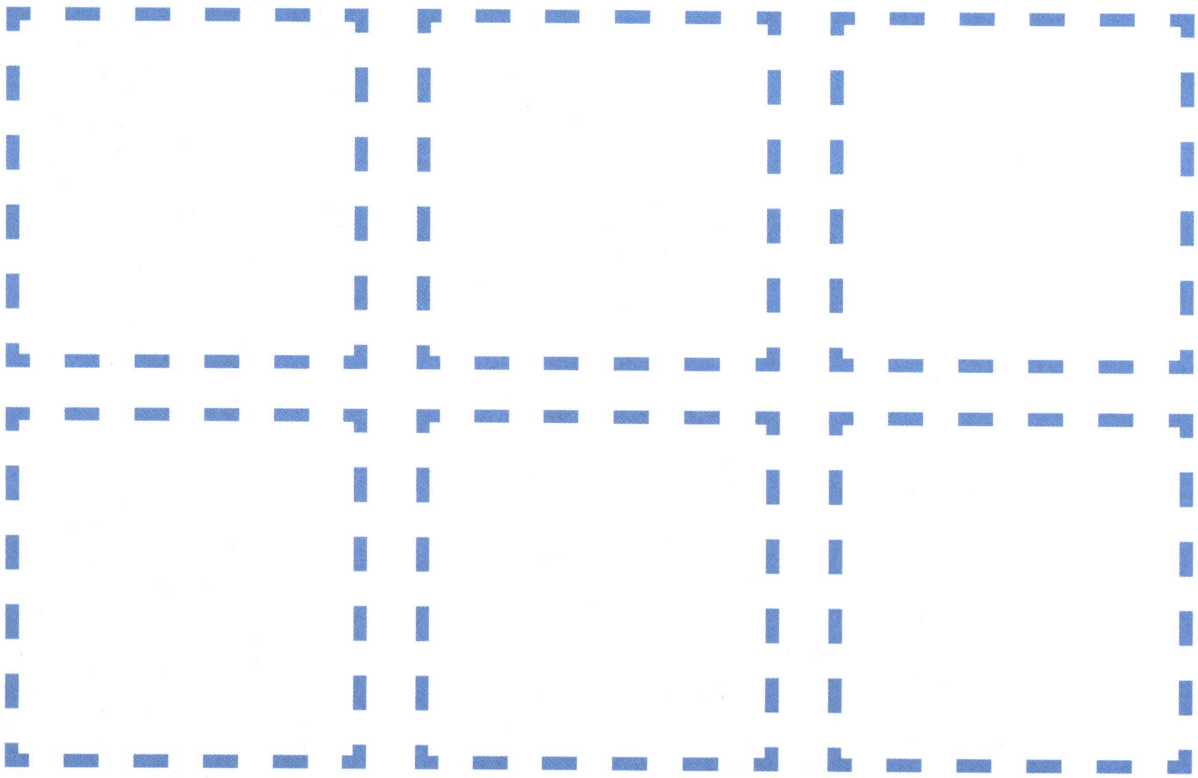

Et, maintenant, dessine ici un grand carré.

Faites remarquer à votre enfant qu'il est en train d'apprendre à tracer des lignes droites. Il sera très fier de réaliser un travail de grand !

DEVINETTE

Montre le jouet qui est décrit par chaque phrase.

Je suis creux et on peut me remplir de sable.
J'ai quatre dents et je gratte le sable.
Je creuse des tunnels dans le sable.

Lisez d'abord les trois phrases puis relisez-les une par une en laissant le temps à votre enfant de trouver à quoi elle correspond.

COLORIAGE

Colorie ce seau et cet arrosoir avec tes crayons de couleur.

Laissez votre enfant choisir les couleurs qu'il préfère.

AU REFUGE

Adèle visite le refuge pour la première fois. Les singes sautent de branche en branche et font des cabrioles. Adèle sourit, ils sont vraiment très rigolos.

Colorie en rouge le singe qui fait une grimace et les deux autres en bleu.

LE PANDA ROUX

Colorie en vert les cubes sur lesquels le panda roux peut se poser et en rouge les ronds sur lesquels il pourrait glisser.

DANS L'ORDRE

Colorie l'animal le plus grand en rouge,
l'animal de taille moyenne en jaune
et l'animal le plus petit en bleu.

Si votre enfant hésite entre le perroquet et le zèbre, aidez-le à comparer leur taille.

DEDANS - DEHORS

Colorie en rouge les animaux qui sont dans leur petite maison et en bleu ceux qui sont dehors.

Aidez votre enfant à repérer la situation sur l'exemple des oiseaux, puis laissez-le se débrouiller tout seul avec les autres animaux.

LA GIRAFE

Écoute bien l'histoire de Julie et complète-la en collant, sur les images, les dessins qui manquent.

Il fait chaud aujourd'hui ! Maman achète une glace à Julie. Julie observe les flamants roses et le perroquet.

Juste en face, il y a les girafes. Julie s'approche d'un banc et, aussitôt, toutes les girafes arrivent. Elles ont vu sa glace !

Découpe ces petites images puis colle-les au bon endroit.

LA GIRAFE

Découpe ces petites images puis colle-les au bon endroit.

Une girafe penche son long cou. Julie monte sur le banc et tend le bras, mais elle est encore trop petite. Sa maman la soulève pour la rapprocher de la girafe.

Maintenant, Julie est près de la girafe.
Julie caresse son long cou et
la girafe attrape le chapeau de maman !

TOUS ENSEMBLE

Colorie seulement les animaux que tu vois deux fois dans cette scène.

Lisez plusieurs fois la consigne à votre enfant. Il doit comprendre qu'avant de colorier, il doit repérer les animaux représentés deux fois.

MOINS ET PLUS

Entoure le guépard qui a le moins de taches.

Comparer des quantités,
c'est déjà apprendre à compter.

DEVINETTE

Montre l'animal qui est décrit par chaque phrase.

Je suis rayé et je mange de l'herbe.

Je suis tacheté et je mange de la viande.

Je n'ai ni tache ni rayure : je suis tout uni.

Lisez d'abord les trois phrases puis relisez-les une par une en laissant le temps à votre enfant de trouver à qui elle correspond.

LES ANIMAUX

Complète le dessin en repassant sur les pointillés.

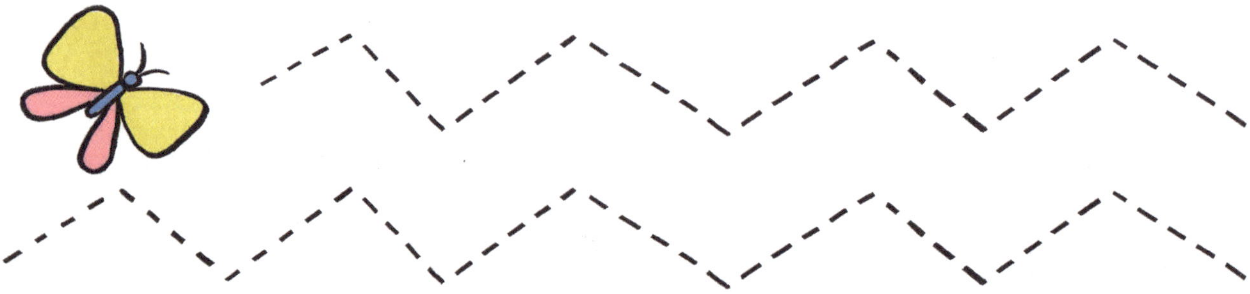

Finis de colorier les buissons.

COLORIAGE

Colorie cette girafe avec tes crayons de couleur.

Si votre enfant en a envie, proposez-lui de dessiner un arbre à côté de la girafe pour qu'elle puisse manger ses feuilles.

EN FAMILLE

Florian fait un puzzle avec son papy. Ils ont presque fini, mais il manque une pièce. Ils cherchent sous les chaises, mais ne la voient pas.
Le chat miaule. « Bravo Fripon, tu as retrouvé la pièce ! »
Elle était cachée sous la patte du chat.

Colorie tout le puzzle sans oublier la pièce qui est sous la patte du chat.

COLLAGE

Rassemble des photos de ta famille et colle-les dans les cadres.

Si vous n'avez pas de photo, proposez à votre enfant de dessiner lui-même les membres de sa famille.

DANS L'ORDRE

Colorie en rouge le pantalon du personnage le plus âgé, en bleu le pantalon du plus jeune, en noir toutes les chaussures et en jaune la cravate de papy. Puis colorie tous les autres vêtements comme tu en as envie.

Profitez de cet exercice pour demander à votre enfant de nommer tous les vêtements représentés sur le dessin.

DE FACE – DE DOS

Relie d'un trait les deux dessins qui représentent le même personnage vu de face ou de dos.

Aidez votre enfant à repérer la situation sur l'exemple des chats, puis laissez-le se débrouiller tout seul avec les enfants.

BIENTÔT NOËL

Écoute bien l'histoire de Lisa et d'Alice et complète-la en collant, sur les images, les dessins qui manquent.

C'est bientôt Noël ! Papa a apporté un grand sapin vert. Lisa ouvre la boîte de décorations de Noël pendant qu'Alice place les guirlandes sur les branches.

Maman monte sur une chaise pour fixer une étoile brillante tout en haut du sapin.

Découpe ces petites images puis colle-les au bon endroit.

BIENTÔT NOËL

Découpe ces petites images puis colle-les au bon endroit.

Les deux sœurs admirent les boules multicolores, accrochent encore une cloche, un renne et posent un bonhomme de neige devant le sapin.

Toute la famille place ses chaussons au pied du sapin et chacun attend le cadeau que le Père Noël va lui apporter.

LES CADEAUX

Colorie un paquet en jaune, deux paquets en rouge et trois paquets en bleu sous le sapin.

MOINS ET PLUS

Entoure l'armoire qui contient le plus de vêtements.

LES CUBES

Colorie en jaune tous les cubes qui sont décorés d'une étoile et en bleu les cubes qui sont décorés d'un carré.

Profitez de ce jeu pour demander à votre enfant de décrire précisément le dessin. Ce sera un exercice utile pour développer son vocabulaire.

LA SALLE DE JEUX

Complète le dessin en repassant sur les pointillés.

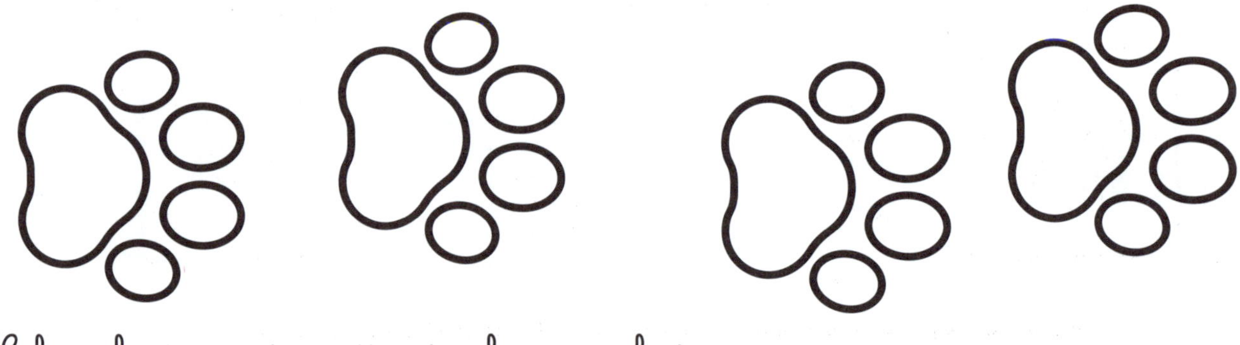

Colorie les traces des pattes du chien sur le tapis.

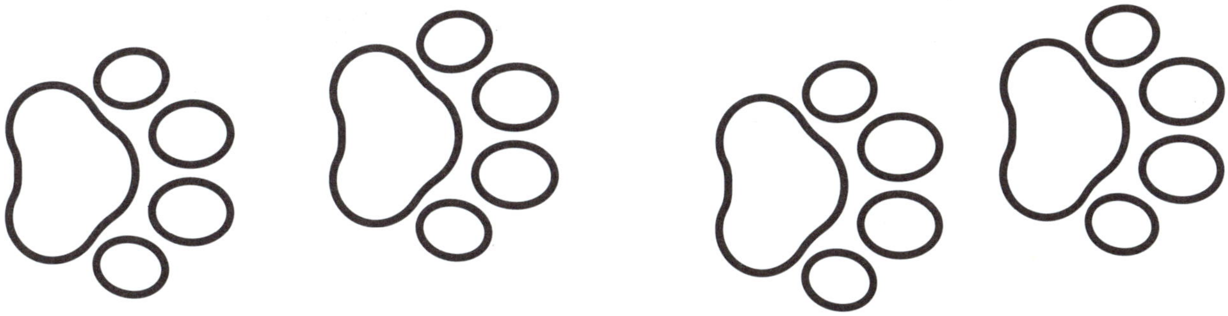

LES TRIANGLES

Repasse sur les pointillés.

Et, maintenant, dessine ici un grand triangle.

Faites remarquer à votre enfant qu'il est en train d'apprendre à tracer des lignes droites. Il sera très fier de réaliser un travail de grand !

DEVINETTE

Montre l'objet qui est décrit par chaque phrase.

Je suis doux et on pose sa tête sur moi pour dormir.
Je suis dure et on s'assoit sur moi pour manger.
Je suis confortable et on peut s'allonger sur moi.

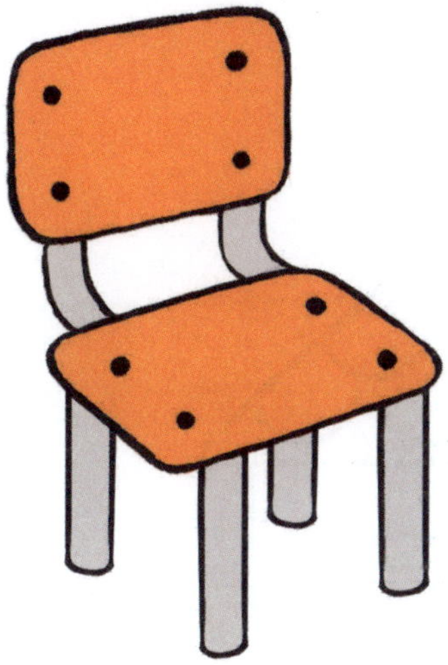

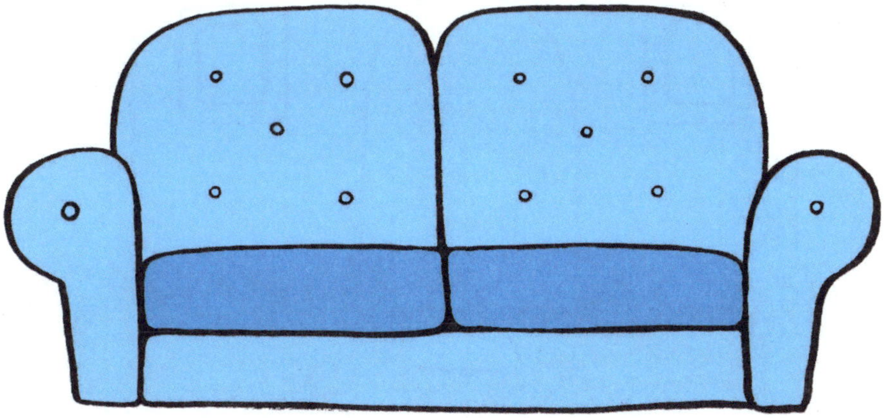

Lisez d'abord les trois phrases puis relisez-les une par une en laissant le temps à votre enfant de trouver à quoi elles correspondent.

COLORIAGE

Colorie cette maison avec tes crayons de couleur.

À LA FERME

Marilou ouvre le clapier pour donner des carottes à Justin le lapin. Oh ! Il en a profité pour sortir se promener. Marilou n'arrive pas à le rattraper. Mais voilà le chien du fermier qui arrive et, aussitôt, hop ! le lapin coquin rentre chez lui.

Colorie le ciel en bleu clair et le panier de Marilou en bleu foncé, puis colorie le chien et le lapin comme tu en as envie.

***Clair* et *foncé* sont encore des notions difficiles pour votre enfant. Montrez-lui des exemples de couleurs.**

DIFFÉRENCES

Regarde ces deux petits cochons et trouve les trois détails qui les différencient.

Profitez de ce jeu pour demander à votre enfant de décrire précisément les différentes parties du corps de l'animal. Ce sera un exercice utile pour développer son vocabulaire.

GROS – MAIGRE

Colorie en bleu l'animal le plus gros et en rouge le plus maigre, puis colorie le troisième dindon en jaune.

Pour que votre enfant visualise la couleur qui correspond à chaque taille, montez-lui les ovales avec les couleurs correspondantes.

COLLAGE

Découpe du papier vert en petits morceaux et colle-les sur la page pour représenter l'herbe que vont manger les poulains.

LE POTAGER

Écoute bien l'aventure de Martin et complète-la en collant, sur les images, les dessins qui manquent.

Martin et sa mamie vont cueillir des tomates dans le potager. Martin porte le panier, il est tout léger.

Pendant que mamie ramasse les tomates,
Martin déguste des fraises toutes sucrées.
Elles sont si délicieuses !

Découpe ces petites images puis colle-les au bon endroit.

LE POTAGER

Découpe ces petites images puis colle-les au bon endroit.

Mamie a fini sa récolte. Elle a pris des tomates, une salade avec un escargot et deux concombres. Le panier est maintenant bien rempli.

Martin voudrait bien le porter, mais le panier est beaucoup trop lourd ! Ce n'est pas grave, c'est lui qui montrera l'escargot à son papy.

LES PANIERS

Mamie et Martin ont besoin de trois paniers mais ils n'en ont qu'un.
Colorie deux autres paniers pour les aider.

MOINS ET PLUS

Entoure en rouge le nid où tu vois le plus d'œufs et en bleu celui où tu ne vois qu'un seul œuf.

Même sans savoir compter, les enfants peuvent concevoir la notion de *plus* et *moins* : c'est une bonne préparation à l'acquisition des nombres.

DEVINETTE

Montre l'animal qui est décrit par chaque phrase.

Je ponds des œufs et j'ai des plumes.
Je mange des carottes et j'ai des poils.
J'ai une petite queue en tire-bouchon.

Lisez d'abord les trois phrases puis relisez-les une par une en laissant le temps à votre enfant de trouver à qui elles correspondent.

DANS LA PRAIRIE

Complète le dessin en repassant sur les pointillés.

Finis de colorier les fleurs.

COLORIAGE

Colorie ce canard avec tes crayons de couleur,
puis dessine un autre canard.

LA CUISINE

Antonin et sa maman préparent un gâteau dans un saladier.
Maintenant que la pâte est bien mélangée, il faut la verser dans le moule.
Maman place celui-ci dans le four et prend le saladier pour le laver.
« Non, non, dit Antonin, je n'ai pas fini de le lécher ! » Quel gourmand !

Colorie le four et les habits de la maman.

COLLAGE

Découpe les emballages de tes gâteaux préférés
et colle-les sur ces étagères.

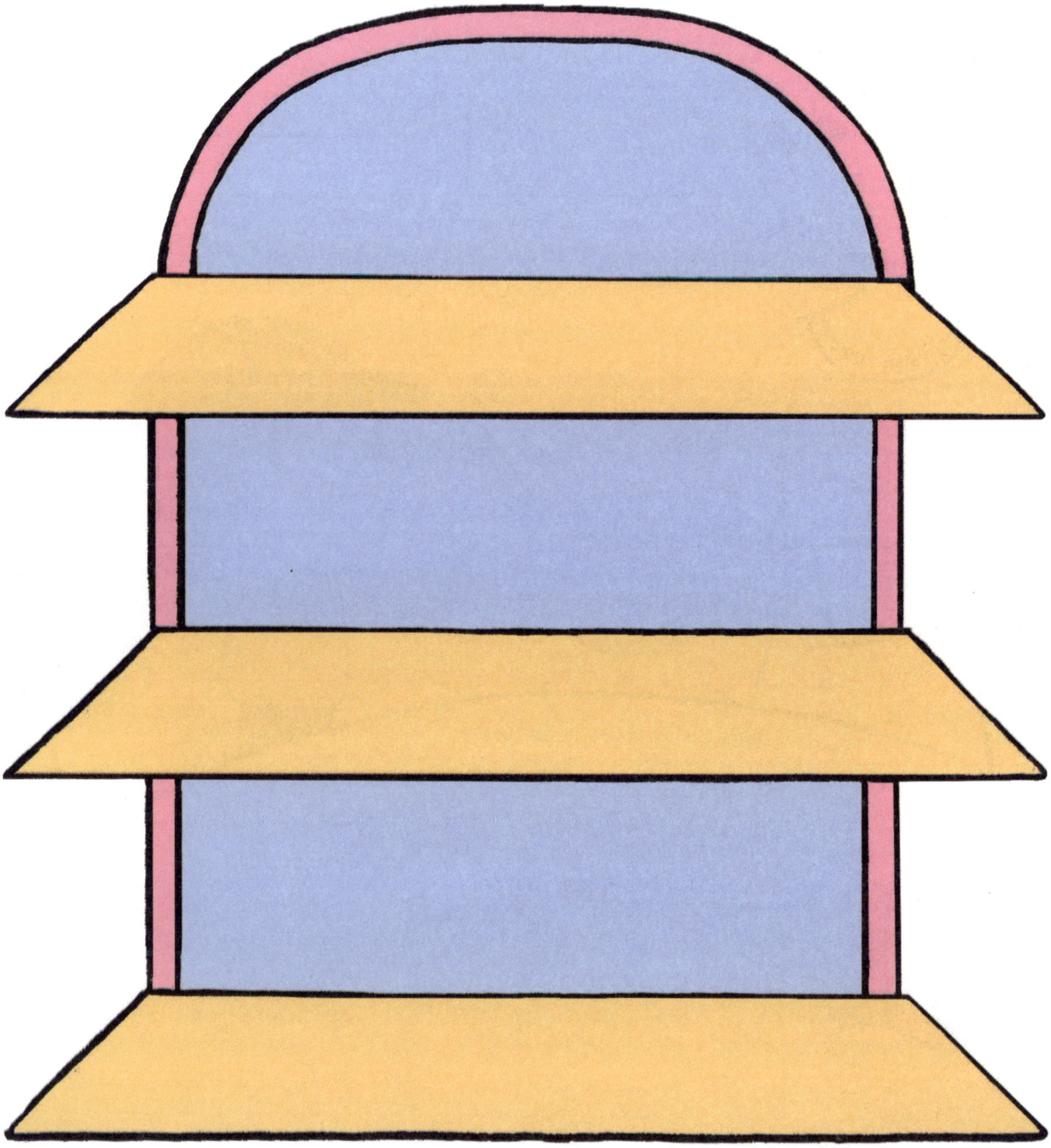

VIDE – PLEIN

Entoure le récipient vide en rouge, le récipient plein en bleu et le troisième en jaune.

Montrez d'abord à votre enfant les modèles de verres vides et pleins.

DESSUS – DESSOUS

Entoure en rouge les animaux qui sont assis sur un meuble
et en bleu ceux qui sont cachés sous un meuble,
puis dessine un chat sur la table.

Montrez d'abord à votre enfant le modèle avec la balle sur la feuille verte puis la balle sous la feuille verte.

LA BONNE SOUPE

Écoute bien l'aventure de Julien et complète-la en collant, sur les images, les dessins qui manquent.

Pour préparer une bonne soupe, il faut : des pommes de terre, des carottes et des poireaux. Papa a tout épluché et Julien a tout lavé sous l'eau du robinet.

Maintenant, il faut mettre les légumes à cuire. C'est Julien qui surveille les aiguilles de l'horloge.

Découpe ces petites images puis colle-les au bon endroit.

LA BONNE SOUPE

Découpe ces petites images puis colle-les au bon endroit.

Il est temps de mixer la soupe. Brrrrrrrr ! Brrrrrr ! Quel vacarme ! Pendant ce temps, Julien met la table ; il porte les assiettes.

Il place un verre pour chacun et pose le pain sur la table. Papa apporte la soupe toute fumante : « À table, c'est l'heure de manger ! »

À TABLE !

Colorie deux assiettes et trois verres.

MOINS ET PLUS

Entoure le groupe où les cerises sont le moins nombreuses.

Même sans savoir compter, les enfants peuvent concevoir la notion de *plus* et *moins* : c'est une bonne préparation à l'acquisition des nombres.

LA NAPPE

Sur la nappe, colorie en rouge tous les rectangles
et en bleu tous les triangles.

Profitez de ce jeu pour demander à votre enfant de décrire précisément les différents fruits. Ce sera un exercice utile pour développer son vocabulaire.

L'ANNIVERSAIRE

Complète le dessin en repassant sur les pointillés.

Finis de colorier la nappe du goûter d'anniversaire.

Dessine des ronds sur le gâteau.

LES RONDS

Repasse sur les pointillés.

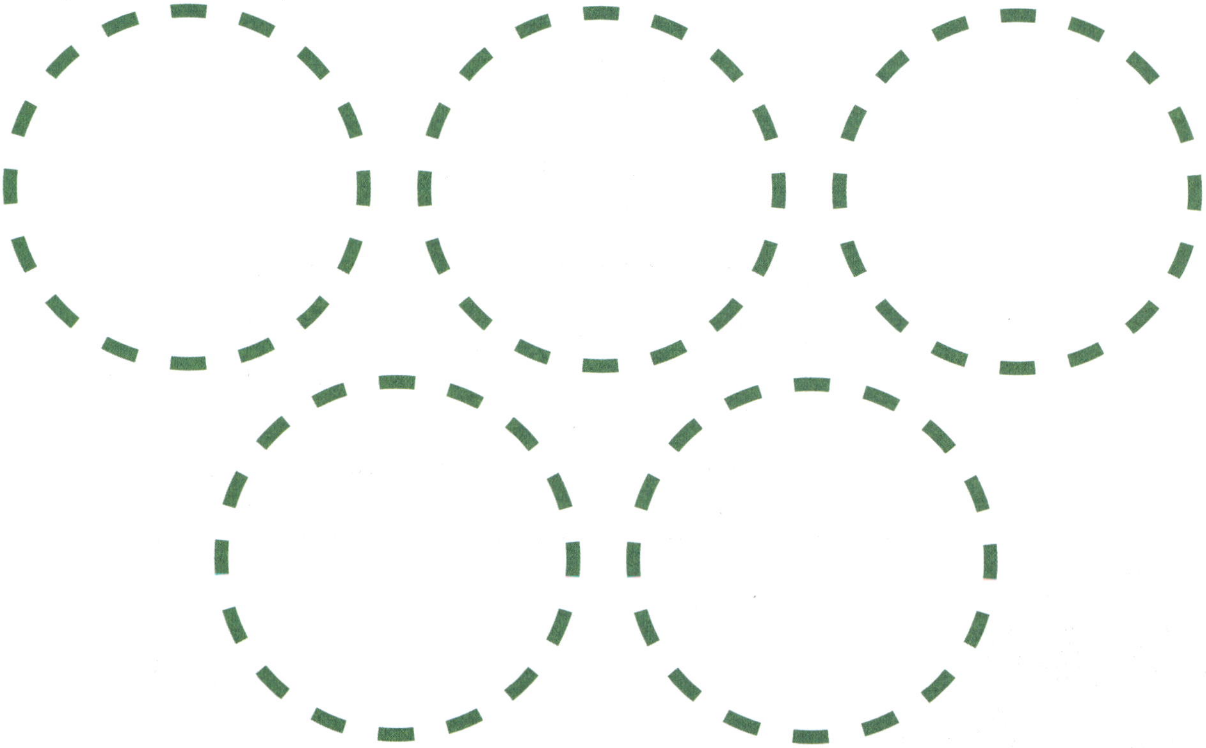

Et, maintenant, dessine ici un grand rond.

Faites remarquer à votre enfant qu'il est en train d'apprendre à tracer des ronds. Il sera très fier de réaliser un travail de grand !

DEVINETTE

Montre le couvert qui est décrit par chaque phrase.

Je suis long et je coupe la viande.

J'ai des dents et je pique les légumes.

Je suis creuse et je suis pratique pour manger la soupe.

Lisez d'abord les trois phrases puis relisez-les une par une en laissant le temps à votre enfant de trouver à quoi elles correspondent.

COLORIAGE

Colorie ce gâteau avec tes crayons de couleur.

EN VILLE

À côté de l'école, il y a une boulangerie. Le soir, quand Lisa et son papa rentrent à la maison, ils traversent la rue et vont chercher un goûter.
« Le petit bonhomme est vert », dit Papa.
La boulangère connaît bien Lisa : elle l'attend avec son croissant.

Colorie les habits de la boulangère et du motard.

DIFFÉRENCES

Regarde ces deux autobus et trouve les trois détails qui les différencient.

LOIN – PRÈS

Colorie en rouge la voiture qui est le plus loin et en bleu celle qui est le plus près, puis colorie la voiture restée blanche de la couleur que tu préfères.

Profitez de cet exercice pour montrer sur le dessin qu'un objet éloigné est plus petit qu'un objet proche.

LE JOUR – LA NUIT

Colorie en rouge la couette de la petite fille qui se réveille le matin, puis montre sur les dessins la veilleuse allumée et celle qui est éteinte, les rideaux fermés et ceux qui sont ouverts.

Enfin, dans ce cadre, dessine la peluche avec laquelle tu préfères dormir.

LES MARIONNETTES

Écoute bien l'histoire des marionnettes et complète-la en collant, sur les images, les dessins qui manquent.

Léo est tout content : il va voir un spectacle de marionnettes avec sa classe. Tous les élèves se préparent et prennent leurs manteaux.

Dans la rue, Léo et ses camarades attendent avec la maîtresse devant le passage pour piétons. Les voitures s'arrêtent et la classe peut traverser.

Découpe ces petites images puis colle-les au bon endroit.

LES MARIONNETTES

Découpe ces petites images puis colle-les au bon endoit.

Le théâtre est juste en face.
En faisant la queue, Léo observe l'affiche du spectacle.
Il y a un poisson qui nage.

Assis devant les marionnettes, les enfants rient
en regardant le poisson danser avec la tortue.
Léo applaudit, c'est son premier spectacle.

LES POISSONS

Colorie deux poissons en bleu et trois en rouge.

MOINS ET PLUS

Colorie l'immeuble qui a le plus de fenêtres,
puis dessine un joli tapis sous les pieds de la petite fille.

DEVINETTE

Montre le véhicule qui est décrit par chaque phrase.

J'ai deux roues et je peux transporter deux personnes.

J'ai quatre roues et je peux transporter toute la famille.

J'ai six roues et je peux transporter de nombreux voyageurs.

LA RENTRÉE

Complète le dessin en repassant sur les pointillés.

Finis de colorier les sacs à dos.

ÉCOLE

AU REVOIR !

Avant de nous quitter, colorie cette voiture de la couleur que tu préfères et dessine un soleil jaune dans le ciel au-dessus d'elle.

SOLUTIONS

Page 4

LES TRACES

Page 5

LES TAILLES

Page 6

LES SENTIMENTS

Page 9

AU CIRQUE

Page 10

MOINS ET PLUS

Page 17

HAUT ET BAS

Page 18

DEVANT – DERRIÈRE

Page 21

LE CHÂTEAU

Page 22

MOINS ET PLUS

Page 23

LES DRAGONS

Page 29

AU REFUGE

Page 30

LE PANDA ROUX

Page 31

DANS L'ORDRE

Page 32

DEDANS – DEHORS

Page 35

TOUS ENSEMBLE

Page 36

MOINS ET PLUS

Page 43

DANS L'ORDRE

Page 44

DE FACE – DE DOS

Page 47

LES CADEAUX

Page 48

MOINS ET PLUS

Page 49

LES CUBES

Page 56

DIFFÉRENCES

Page 57

GROS – MAIGRE

Page 61

LES PANIERS

Page 62

MOINS ET PLUS

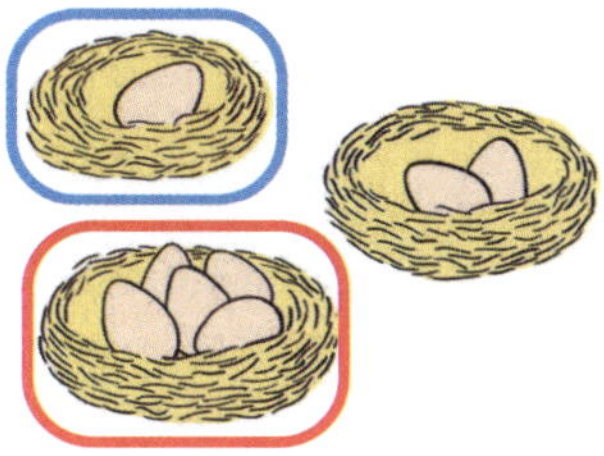

Page 69

VIDE – PLEIN

Page 70

DESSUS – DESSOUS

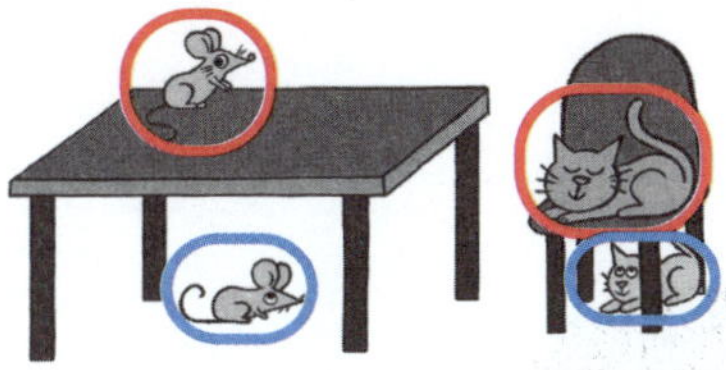

Page 73

À TABLE !

Page 74

MOINS ET PLUS

Page 75

LA NAPPE

Page 82

DIFFÉRENCES

Page 83

LOIN – PRÈS

Page 87

LES POISSONS

Page 88

MOINS ET PLUS

Bonne rentrée !